AF342747

LE MAVSOLEE ROYAL.

OV

ELOGE FVNEBRE DE LOVIS LE IVSTE.

CONTENANT

Sa Naissance, son Education, son Regne,
ses Conquestes, son Decés, & ses
honneurs Funebres.

A PARIS,

Chez CARDIN BESONGNE, au Palais, à l'entrée de la gallerie
des prisonniers, aux Roses vermeilles.

M. DC. XXXXIII.

A TRES HAVT ET TRES-PVISSANT PRINCE

MONSEIGNEVR

FEDERIC MAVRICE

DE LA TOVR, DVC DE BOVILLON,

Prince Souuerain de Sedan, &c.

**ONSEIGNEVR,**

    On ne s'eſtonnera pas que i'offre à voſtre Excellen-
ce l'image d'vn Roy couuert de Lauriers, auſſi bien que
de Cyprés, ſi l'on conſidere que voſtre Maiſon eſt ſi
intereſſeé dans la gloire de cette Monarchie, que vos
predeceſſeurs ont eſté nommez les bras & les cœurs de
nos Princes : & qu'vn Souuerain peut dignement rece-
uoir le tableau du premier Souuerain du monde. Et
puis les hauts exploicts de voſtre vie, meritent vne
mention honorable parmi les conqueſtes de LOVIS
LE IVSTE, & l'Eloge de ce Conquerant ne ſçauroit
mieux paraiſtre que ſous le nom de celuy qui a fait

aussi aux Païs-bas que l'espée de BOVILLON
n'est pas moins fatale à la conservation des Estats que
celle D'ORANGE, & que vous estes aussi bien I-
mitateur que le Filleul des MAVRICES. Enfin, la
Prouince où ie suis né, & où vous auez la premiere Vi-
comté de cet Estat, ayant eu l'honneur de vous posseder
quelque temps, veut que ie m'acquitte de ses reconnois-
sances enuers vous, & que ie rende des hommages d'esprit à vn Prince qui parmy l'horreur des armes a toufiours protegé les belles lettres: & accordé en sa personne
vne haute Politique, auec vne generosité digne des Ce-
sars. Mais le motif le plus particulier qui m'oblige à vous
dédier ce Mausolee, c'est pour apprendre à tous les peuples que LOVIS LE IVSTE est mort vostre amy, quelque inimitié qu'on eust tasché de luy faire conceuoir contre vous, & qu'il auoit enfin reconnu qu'en suiuant les
droicts de l'amitié, vous n'auiez iamais eu dessein d'a-
bandonner ceux de sa Couronne. Vous en donnastes vne
preuue assez autentique, lors que vous refusastes les offres
que l'Empire vous fit, pour ne vous tenir qu'aux interests
de la France. Ce sont des veritez hardies, MONSEI-
GNEVR, mais elles sont trop auantageuses à l'Estat
pour estre dissimulees, & i'ay trop de zele pour la grandeur de vostre Maison, pour ne pas dire hautement de
quelle passion ie suis,

DE VOSTRE EXCELLENCE,

Le tres-humble, tres-obeyssant, & tres-
fidele seruiteur,
CHATEAVNIERES D'ALLEGRAIN.

LE MAVSOLEE
ROYAL,
OV

ELOGE FVNEBRE DE LOVYS
LE IVSTE XIII. DV NOM,
Roy de France & de Nauarre.

E n'est que dans la France, que les Rois sont proprement Rois, mais il ne laissent pas de mourir comme les autres, & vous diriez que les plus grands donnent de l'enuie à l'Eternité contre le temps, pour ne luy pas laisser posseder longues années des sujets qui sont plus dignes du Ciel que de la terre. Enfin tout releue de la fatalité, & ceux dont nos vies dependent auec tous nos autres biẽs sont dépendãts de la mort. Il est vray que cét Estat à sujet de se consoler sur le decés de ses souuerains, pour ce que leur Couronne subsiste tousjours, & que ce n'est pas la royauté qui meurt, ce sont les personnes. Et puis comme Henry le Grand nous adoucit les regrets de son absence par la presence de Louys le Iuste, qui succeda à sa

A

Charge auſſi bien qu'à ſes vertus, LOVYS XIII.
ſemble regner encor' en LOVYS XIV, digne fils
d'vn ſi glorieux Pere. Ce n'eſt pas à dire qu'il ne
nous faille déplorer la perte d'vn Prince, qui n'eſt
mort dãs la vigueur d'vne parfaite virilité que pour
ce qu'il immoloit ſa vie à la gloire de ce Royaume :
& qui ne ſouffroit les fatigues d'vne guerre labo-
rieuſe que dans le deſſein de nous donner vne haute
paix. Au contraire l'Eclipſe de ce grand Soleil
nous doit eſtre d'autant plus ſenſible qu'il nous faict
voir dans les ombrages du deuil vn Roy qui commence à regner dans les pleurs, & vne Reyne qui ne
ſçauroit auoir de plaiſir de ſe voir Regente, dans le
malheur qu'elle a de ſe voir veufue d'vn des meil-
leurs Monarques de tous les ſiecles. Nos larmes
pourtant ne doiuent pas empeſcher noſtre deuoir,
& puis que la pieté où LOVYS LE IVSTE à
vécu & où il eſt mort, nous perſuade qu'il n'a pas
quitté ſa Couronne, mais changé ſeulemẽt vne choſe periſſable à vn Diademe immortel ; il faut que
nous ſongions à ſon bon-heur ainſi qu'à noſtre
infortune. Et puis ſon regne ayant tousjours faict
fleurir les belles Lettres méme parmy l'horreur
des armes, nous deuons rendre hommage à ſa memoire auſſi bien qu'à ſa perſonne, & nous ſeruir de
l'auantage que Dieu a donné à noſtre Genie, qui eſt
de faire viure les Grands apres leur trépas par vne
Magie innocente. Ie veux donc faire icy vn abregé
de la vie d'vn Prince qui s'eſt acquis vne gloire infi-
nie par ſes actions, & mettre pour ainſi dire tout le

Ciel dans vn poinct. La France m'excufera affez facilement de ma brieueté, fi elle confidere que la
douleur eft peu éloquente, & que toutes les Prouinces de l'Europe font des Liures qui parlent plus auã-
tageufement à l'honneur de LOVYS LE IVSTE,
que tous les Ouurages des Efcriuains. Apres tout il
faudroit des Cefars pour loüer dignement des fou-
uerains.

HENRY LE GRAND ayant efpoufé l'an
1600. Marie de Medicis, pour remplir la France de
bon-heur, apres l'auoir remplie du renom de fes cõ-
queftes, le 17. Septembre de l'ãnee fuiuãte, LOVIS
naquift de ce mariage, & fembla commencer vn
nouueau fiecle dont il deuoit faire toute la gloire.
On dit qu'vn tremblement de terre preceda fa naiffance de quelques iours, comme fi elle eut eu quelque reffentiment de la terreur qu'il deuoit donner à tous les peuples ennemis de fa Couronne, ou
qu'elle eut voulu monftrer que fi elle auoit des re-
muements elle les verroit ceffer par l'entremife d'vn
Prince, qui ne viuroit dans vne inquietude glorieufe
que pour donner vn parfaict repos à toute l'Europe.
Henry eftant entré dans la Chambre de la Reyne,
apres la Naiffance du Dauphin, luy mit fon efpée
dans la main, en faifant des vœux au Ciel qu'il peuft
l'employer pour la gloire de Dieu, à la defence de
la Couronne, & au bien de fon peuple. C'eft à tort
qu'on loüe les Empereurs d'auoir rampé parmy les
boucliers, LOVYS LE IVSTE eft né parmy
les épees, & a veu fans frayeur dans le Berceau cét

éclat redoutable qui fait trembler quelquefois les
autres Princes iusques dãs l'âge viril. Tout le Royaume sembla receuoir vne nouuelle vie auec cét En-
fant, Rome en felicita Paris, & reconnut alors que
la dissolution du mariage d'auec la Reyne Marguerite auoir esté bien legitime, veu qu'il auoit beny
si auantageusement l'vnion du Roy auec vne autre
Princesse. Tous les autres Estats de la Chrestienté
enuoyent faire leurs conioüissances à leurs Majestez, & l'Espagne prepare desja vne Infante
incomparable à ce jeune Heros qui commen-
çant à peine à viure, commence à donner des marques d'vn naturel digne de tous les Empires de l'v-
niuers. Il a vne Majesté naturelle aussi bien qu'hereditaire, & dans vn petit corps il monstre toute la grã-
deur des HENRYS, la prudence des Pepins, la
sainéteté des LOVYS, & la vaillance des Charle-
maignes. La Prouince de Daufiné, cõme plus interes-
sée que les autres dans la gloire de ce jeune Prince,
qui commence à la gouuerner, auant que de gouuerner tout l'Estat, le fit complimenter l'an mil six cens
deux, & ses députés ayant porté vn riche present à
LOVYS en remporterent chacun vn de la main de
HENRY LE GRAND. Tant il est vray que c'est
estre magnifique enuers soy-mesme que d'estre liberal
ral enuers les Princes; ils font comme le Ciel qui ne
reçoit point de vapeur sans nous renuoyer vne pluye
ou vne rosée.

    La mesme année les Ambassadeurs des Ligues
des Suisses estants venus renouueler le serment de
leur

leur alliance, furent salüer le Dauphin à sainct Germain en Laye, qui leur toucha dans la main, & leur fit dés lors reconnoistre qu'il n'estoit né de H E N R Y L E G R A N D, que pour faire vn iour de plus grädes choses que son Pere. Aussi est-il vray que Souuré son Gouuerneur l'esleuoit auec vn soing digne du fils d'vn tel Monarque, quoy qu'à la verite l'industrie n'eust pas beaucoup de peine à former le Genie d'vn Prince, qui sembloit tenir toutes sortes de perfections de la nature. Il donna d'abord des preuues de sa generosité, lors que le Connestable de Castille ayant passé par la France l'an mil six cens quatre, pour aller aux païs-bas, & ayant demandé l'honneur de voir le Dauphin apres auoir fait la reuerence à sa Majesté, ce jeune Lyon qui sembloit né pour mettre en fuitte ceux de Castille, ayant appris que c'estoient des Espagnols, qui venoient le salüer, demanda soudain son espée, comme s'il eust songé à leur faire la guerre, mesme durant les plus doux complimēts de paix. Aussi a-t'il fait voir depuis à la maison d'Autriche, qu'il n'en aymoit que cette Princesse, qu'il a épousée, & qui est vn Lys né des épines, c'est à dire, vne Reyne tres-affectionnée pour la France qui a receu la vie dans le païs de ses ennemis. Il est vray que ce n'est pas lē sãg des Rois d'Espagne qui nous est aduersaire, c'est de Conseil de leurs Ministres. L'an mil six cens six le quatorziéme Septembre le Dauphin fut baptisé à Fontaine-bleau au nom du Pape Paul V. & tenu par le Cardinal de Ioyeuse, qui eut l'honneur de porter entre ses mains

B

ce fils aifné de l'Eglife, & de mettre parmy les En-
fans de Dieu, l'heritier du plus grand Prince de la
terre. Il fut nommé LOVYS par vn prefage affeu-
ré de fa faincteté future, puis qu'il ne deuoit pas
moins tenir des mœurs que du fang de ce Grãd Monarque, qui a maintenu noftre Cour dãs la faincteté,
& la faincteté dans noftre Cour. De reprefenter icy
la magnificence des ceremonies qui fe firent en cette occafion, ce feroit égayer vn difcours qui ne dóit
eftre à prefent que lugubre. I'ajoufteray feulement
qu'vn peu deuant ce bâptéme augufte, il parut le
foir des lumieres extraordinaires en l'air qui mar-
quoiët fans doute par auãce l'efclat de ce Soleil, qui
n'eftoit encor qu'en fon Orient; & ces chars de feu
qu'on vit s'entrebattre, n'eftoient que des fignes illuftres, des victoires de ce Prince, pour qui le Ciel à
tousjours combattu cóme la terre l'a reconnu pour
fon Conquerant vniuerfel.

L'an 1607. la Reyne ayant accouché à Fontaine-
bleau d'vn fecõd fils, en eut encore vn troifiéme l'an
fuiuant, ce qui ne donna pas peu de confolation aux
François voyãt la maifon Royale appuyée fur vn tri-
ple fleuron de la Couronne. Mais le malheur qui fur-
uint au mois de May 1610. par la mort violente de
HENRY LE GRAND, altera toute la dou-
ceur de ces agreables éuenements, & l'on peut dire,
que la France auroit tousjours efté fans remede fi le
Roy ne l'euft produit luy mefme auãt que de perir
en perfonne. C'eft noftre LOVYS. Il n'eft pas ne-
ceffaire de r'ouurir icy la playe que tous les cœurs

des François receurent quand celuy de HENRY fut
bleſſé par vn monſtre qui eſtoit né dans le plus doux
climat de l'Europe ; Il ſuffit de remarquer que
ce Prince ne ſouffrit pas tant la mort comme vn
accident inopiné, que comme vne choſe preueuë :
car quelques iours deuant le Couronnement de la
Reyne, il l'auoit traitée de Regente en vn compli-
mēt: & dit aux Gardes au ſujet du Dauphin, *Voici voſtre Roy* Nous l'auôs receu d'vne ſi bône main, mais
enfin il nous l'a fallu rendre au tombeau; Mais n'in-
terrôpons pas encor le cours de ſa vie par vn recit
funeſte de mort. Paris qui du triomphe auoit paſſé
à vn deuil extréme paſſa biē-tôt du deuil à vn triomphe agreable, lorsqu'il oüit crier preſque à meſme
temps, HENRY eſt mort, & Viue LOVYS. Les
Gardes s'aſſemblerent toutes au Louure, pour pre-
ſter le Serment à ce nouueau Prince, qui commença
de ſeoir ſur le Thrône à l'âge de neuf ans, & fut receu de tous les Ordres du Royaume, auec toute la
pompe qu'il pouuoit attendre de la grandeur de ſon
Septre, & de la fidelité de ſes ſubjets. Ce que nous
auons veu faire pour le fils, ſe fit alors en faueur du
Pere. La Cour dē Parlement qui a de tout temps eu
l'honneur d'eſtre la tutrice des Roys mineurs, decla-
ra la Reyné mere Regente durant le bas âge de ſon
fils, afin que la chere moitié de HENRY LE
GRAND, gouuerna encor ſous LOVYS LE
IVSTE. Tous deux furent prendre ſeance au Palais, & donnerent ordre en ſuitte tant à l'entretien
de l'vnion entre leurs ſubjets, qu'à la punition de ce

ce parricide qui dans vne seule personne sembloit auoir mis toute la France au cercueil: La Sorbonne secondant en ce point le zele du Parlement fit des censures Autentiques contre ceux qui sous pretexte de parler contre les Tyrans portent des ames forcenées contre leurs Princes legitimes. Aussi auons nous goûté le fruit de ces soings illustres: car les François ont enfin veu mourir vn Roy dans son lit apres en auoir veu deux decedés d'yne mort violente.

On n'eut pas si tost rendu les derniers deuoirs à HENRY LE GRAND, que la Reyne Mere receut de rechef au nom de son fils les hômages de tout le monde? Et pour se monstrer d'abord digne de l'election que le feu Roy auoit faite de sa personne, elle se resolut de poursuiure ses desseins, pour monstrer que la France auoit bien perdu vn de ses Chefs: mais non pas son cœur. Ainsi apres auoir dôné audience aux Ambassadeurs de tous les Estats de l'Europe, qui vinrent se condouloir auec elle de la mort de son époux, & r'appellé de Milan le Prince de Condé côme vn des premiers appuis de l'Estat, Elle voulut employer les premieres armes de son fils pour le secours de ses alliez. Le Maréchal de la Chastre dôc fut au secours de Iuliers, dont il vit bien-tost la reddition, & môstra en cette occasion qu'il n'y auoit point de force qui ne deût ceder enfin à l'intercession de la France. Sur la fin du mois de Septembre de l'an 1610. le Roy partit de Paris, pour s'aller faire sacrer à Rheims, & ce fut lors que la Saincte Ampoule

poule fembla paroiftre plus Celefte, feruant à l'Onction d'vn Prince plus pieux que Clouis, comme il deuoit vn iour fe monftrer plus genereux. Il receut encor la Confirmation dans la méme Ville, comme vn figne vifible de la force vigoureufe qu'il deuoit tefmoigner pour maintenir la Religion & exterminer l'herefie; On le Couronna en fuitte, & vous euffiez veu lors toute la Majefté des Cefars, & des Alexandres ramaffée fur le front d'vn jeune Roy, & à le voir fur le thrône, le peuple euft efté pour l'adorer fans que ce Prince, par vne pieté qui deuançoit beaucoup fon âge, s'humilioit d'autant plus deuant le Seigneur des Seigneurs, qu'il fe voyoit plus éleué deuant fes fubjets. Ie ne diray point icy auec quelle generofité il prit le Collier de l'Ordre, ny auec quelles tendreffes de deuotion il receut la communion fous les deux efpeces, qui eft vn priuilege donné à nos Roys, pour marquer leur puiffãce toute Diuine, & faire voir à tous les peuples de l'vniuers que leur thrône & l'Autel femblent également facrés.

Mais il faut accõpagner le Roy à Paris, & voir le plus grãd Monarque de l'vniuers fur le plus beau théâtre de l'Europe. De vouloir reprefenter icy auec quelle pompe il fut accueilly des habitans, ce feroit ignorer que la paffion que les Frãçois ont pour leur Monarque eftant extréme ne peut eftre comprife dans quelques lignes. On vit reparer en cette occafion en faueur de LOVIS LE IVSTE la faute des Barricades contre HENRY troifiefme, & l'on reconneut vifiblement que ce ne font pas les Pari-

fiens qui choquent quelquefois les Princes: mais les
factieux qui fe coulent dãs leur ville. Sa Majefté vou-
lant recompenfer l'affection de fes fujets par vn foin
plus particulier de leurs biens & de leur vie, fit vne
declaration côtre les Berlans auffi bien que côtre les
duels, afin que le fang & l'argent des François ne fuft
employé deformais que pour l'intereft general de
l'Eftat, ou pour leur auantage particulier. L'année
1611. fut fatale par la mort du Duc d'Orleans, qui
fut d'autant plus regreté que les Eftats perdent
tousjours des appuis en perdant des Princes: mais
celle qui la fuiuit fut heureufe par le traicté qui fe fit
du Mariage de LOVIS LE IVSTE auec AN-
NE D'AVSTRIGHE, & de Madame Sœur
du Roy auec le fils aifné du Roy d'Efpagne, c'eft à
dire, des plus grands Princes de la terre, auec les
plus grandes Princeffes de tout le monde. La feule
propofition de cette alliance fut fuiuie de quantité
de magnificences qui fe firent à Paris, pour monftrer
que fi la mort de HENRY auoit caufé vn extréme
malheur à la France, le Mariage de fon heritier luy
cauferoit vne parfaite felicité. Quelque temps apres
le Duc de Mayenne fut enuoyé en Efpaigne auec vn
train fuperbe, pour en conclure le traicté, & porter
à l'Infante des marques de l'affectiõ de fon Maiftre.
Le Roy Catholique fe promenant apres quelques
iours de pompe, luy fit l'honneur de le faire marcher
à fon cofté, ce qu'il n'auoit iamais permis à perfonne, deliura tous les prifonniers François, & com-
manda qu'on chommât deformais la fefte de fainct

LOVIS, comme estât l'ayeul d'vn Prince, qui trouueroit vne Blanche en son épouse, comme en luy elle
trouueroit vn sainct LOVIS pour époux: Le
Duc en suite d'vne negotiation si importante à
cette Couronne ayant pris congé de sa Majesté
Catholique, le Duc de Pastrane receut ordre
de partir pour la France, afin de rendre ses hommages à sa nouuelle Princesse. Toutes nos villes
témoignerent en cette occasions qu'elles sçauoient
répondre aux ciuilitez de Madrit, & le Roy même
remercia le Roy Catholique de sa bonne volonté luy
disant que la sienne seroit tousjours disposée à l'ho-
norer comme son Pere, & à l'aymer côme son frere.
Enfin toute la France témoigna, & dans le séjour &
dans le depart de ce grand Ambassadeur, que comme elle attendoit son bon-heur de l'Infante, elle luy
rendoit par preuention tous les deuoirs dont elle
pouuoit s'auiser en la personne de ceux qui venoient
d'vne si bonne part.

Le cômencement de l'an 1613. fut employé à quelques reiglements Politiques, la Regente ne songeât
pas moins au soulagement du peuple qu'à la grandeur de son fils; On fit defence de porter de l'argent
sur les habits, & de faire souldemêt des assemblees,
car délors les Huguenots minutoient ces funestes
pratiques qui ont destruit leur Republique pretan-
due par les mémes voyes qu'ils auoient prises pour
la destruction de la plus parfaite Monarchie de l'v-
niuers. Les habitans de Nismes entr'autres ayant
fait quelque souleuement furent contraints de plier

fous l'autorité Royalle, quoy qu'en cette occasion
la Clemêce s'accorda auec la Iustice dans vn tempera-
ment égal. Mais cette reuolution particuliere ne
sembloit estre qu'vn presage des brouïlleries gene-
rales, que l'an 614 vit s'eclorre dans l'Estat. Les Princes s'estants retirez sur quelques mécontentements
pour s'assembler en Champaigne auec des troupes,
la Regête tascha de les remettre auprés du Roy, par
des voyes amiables sans oublier les preparatifs de la
force. Il se fit la dessus vne Conferêce à Soissons pour
les deux partis, où les Agents de la Reine accorde-
rent adroitement l'Autorité du Roy auec la satisfaction des Princes. L'aiustemêt pourtât qui se fit pour
lors en Champagne, ne seruit qu'à couurir plus seu-
rement les remuêmées qui arriuerêt en suite en Poi-
tou, & en Bretaigne. Mais le Roy s'y estant achemi-
né auecque sa Mere, fit bien voir que le Soleil de la
Majesté Royalle dissipe en vn moment tous les nuages qui s'éleuent dans vn Royaume. Enfin se voyant
dans sa quatorziéme année, il se resolut de se faire
declarer Majeur en la Cour de Parlement, ce qui
fut fait auec les formalitex accoûtumées, & la Reyne
témoigna qu'auuant qu'elle auoit eu de plaisir à gouuerner pour son fils, elle auoit à l'heure de satisfaction de luy remettre le gouuernement entre les
mains, en vn âge où la prudence de son iugement
commençoit à seconder la vigueur de son esprit. On
tint en suite les Estats generaux du Royaume où le
Roy donna d'abord des preuues de la capacité qu'il
auoit pour bien regner maintenant auec vne force
                                                              égale

égalo les droicts de l'Eglise, & ceux de l'Estat.

Mais comme le Ciel permet que les grands Princes ayent des affaires épineuses à manier; afin que
leur addresse & leur bon-heur en éclattent dauantage; La Reine s'estant resoluë au voyage de Guyenne, pour le mariage du Roy, les Princes se retirerent derechef de la Cour, ou pource que les grands
aprennent quelquefois les nouueautez autant que le
peuple, ou pource que la France sembloit lors estre
enuieuse du grand bien qu'elle alloit receuoir de
l'Espagne. Ils armerent en suite pour empescher le
voyage de sa Majesté, mais le Roy ayant fait leuer
vne armée pour l'asseurer, sous la conduite du Mareschal de Bois-dauphin, & Monsieur de Bassompierre s'estant rangé auprés de luy auec quantité d'autres Seigneurs, pour se signaler par sa vaillance, autant que par ses hautes qualitez qui rauissoient toute la Cour, Bourdeaux fut choisi pour estre le lieu
des mariages de France & d'Espagne, aprés auoir
esté le theatre fatal de tant de diuisions qui ont esté
entre la France & l'Angleterre. Leurs Majestez s'y
rendirent auec vne pompe qui faisoit regner toutes
les douceurs de la paix, parmy les horreurs de la
guerre. La Guyenne s'estima lors aussi glorieuse de
voir LOVYS LE IVSTE que d'auoir produit
& éleué HENRY LE GRAND.

Bourdeaux fist vne si pompeuse réception à sa
Majesté par eau & par terre, que toutes les magnificences de l'Art & de la Nature sembloient ramas-
sées en vne seule ville. Enfin le Duc de Guise ayant

fiancé Madame pour le Prince d'Espagne, & l'eſ-
change des Princeſſes ſe deuant faire ſur la fron-
tiere, le Duc de Luines fut enuoyé pour receuoir la Reine qui témoigna bien par l'acueil fauorable qu'elle luy fit, qu'elle eſtoit pluroſt née pour
la France que pour l'Eſpagne. Le Roy luy fut au deuant, l'affection qu'il auoit pour vne ſi parfaite Prin-
ceſſe, luy donnant cette belle impatience ; Il la
vid de ſon carroſſe ſans eſtre veu, & s'en retourna
promptement luy meſme donner ordre à l'entrée
qu'on luy deuoit faire, iugeant bien que pour ho-
norer A N N E D'A V S T R I CHE il falloit qu'vn
Roy y contribuaſt de ſes ſoins auſſi bien que ſes ſubjets. Le lendemain ils receurent la benediction nup-
tiale, le mariage ayant eſté cy-deuant fait par Pro-
cureurs, & lors cet Eſtat conceut vne eſperance
certaine de voir quelque iour vn fruict auguſte
d'vne alliance ſi illuſtre. Il eſt vray qu'il a eſté fort
attendu, mais c'eſt que les grands biens ſuſpendent
d'ordinaire les eſperances des hommes, & il falloit
que la Nature trauaillaſt bien long-temps pour faire
vn chef-d'œuure digne de paſſer pour l'image
d'A N N E, auſſi bien que de L O V Y S. Leurs Ma-
jeſtez firent en ſuite leur entrée ſolemnelle dans la
ville, où les Gaſcons rémoignerent qu'ils ne ſont
pas moins propres pour les pompes de la paix, que
pour les factions de la guerre.

Mais pendant qu'on faiſoit ces réioüiſſances en
Guyenne, les Princes faiſoient des ſouleuemens
dans quelques autres Prouinces, qui ſouffrirent lors

de grādes defolations fe trouuant éloignées de leur
Soleil. Leurs Majeftez partirent de Bourdeaux pour
y donner ordre, & le Duc de Guife ayant efté fait
general de l'armée Royale, fit d'abord reconnoiftre aux grands que c'eft chercher à fe perdre que
de s'en prendre au Souuerain. Neantmoins comme
la paix eft toufiours preferable au tumulte, fa Majefté eftant à Poictiers entendit aux propofitions
qu'on luy fit pour quelque accommodement, &
Loudun fut choifi pour l'Affemblée qui fe deuoit
faire fur ce fujet, & qui ayant reüffi auec autant
de fatisfaction pour les bons François, que de regret pour les factieux; Le Roy reuint à Paris, où il
honora d'abord le fieur du Vair de la charge de
Garde des Sceaux de France, montrant par là que
la fcience feroit couronnée fous fon regne, auffi
bien que la valeur, & que dans la Cour d'vn Prince
iufte, le merite doit eftre en plus grand credit que la
faueur. Les mécontens reuinrent en fuite à la Cour,
Mais Paris vid bien toft de nouueaux troubles que
Peronne luy caufa, non pas pour s'eftre reuoltée
contre le Roy, mais contre le feruice du Marquis
d'Ancre.
   La violence qu'on exerça en fuite fur la perfonne
de quelques Princes fur de fauffes imputations,
obligea le peuple de piller la maifon de ceux qu'on
en croyoit les premiers Autheurs; & cette année
1616. ayāt fait d'abord penfer que la détention d'vn
Prince donneroit vn puiffant otage au repos de l'E-
ftat, fit voir apres que c'eftoit vne viue fource de

troubles. Les autres Princes se retirerent derechef,
du Vair remit les Sceaux entre les mains du Roy,
& des pourparlers de paix, on en vint aux armes.

Bref, la France alloit tomber dans vne combustion
generale, si le Roy sur le commencement de l'an
1617 n'eust épargné la vie de ses subjets, par la mort
d'vn Estranger, qui ne mettoit de la diuision dans la
Maison Royale, que pour s'y authoriser, en éloignant
tous ses appuis sous diuers pretextes. La punition
que le Roy fit d'vn Ministre brouillon, seruit de
satisfaction aux Princes qui vinrent témoigner à sa
Majesté, qu'ils n'auoient pas armé contre son seruice, mais contre les tyrannies d'vn Fauorit. Vitry
qui auoit esté le principal instrument d'vne execu-
tion si importante à l'Estat, & au Sceptre de son Maistre, receut en suite le baston de Mareschal de France, & par vn commencement si genereux on iugea
de l'illustre suite de ses exploits. Quelque temps
apres le Roy fit conuoquer vne Assemblée de Notables, pour regler parfaitement son Royaume, &
asseurer par vn mesme moyen son authorité, & le
bonheur de son peuple. Il n'oublia pas aussi l'interest
de ses alliez, car le Roy d'Espagne pressant le Duc
de Sauoye, le Roy luy fit entendre que les diuisions
qu'on taschoit de leuer dans ses Estats, ne l'em-
pescheroient iamais de songer à la protection de
ses voisins. Et pour donner d'autant plus de con-
fiance à ce Duc persecuté, sa Majesté agrea la recherche que fit le Prince de Piémont, de Madame
Christine, seconde fille de France, & qui ne tient pas

moins

moins du sang que de la generosité de HENRY
LE GRAND, L'an 1608. s'estant passé sans remue-
ment, l'autre n'en fut pas exempt, les Bearnois s'é-
tans souleuez contre vn Commissaire enuoyé par le
Roy, mais comme nous verrons, leurs diuisions ne
seruirent qu'à faire reünir leur Principauté à la
Couronne. Quelque temps apres certains esprits
mal intentionnez, ayans persuadé à la Reine Mere que sa liberté estoit vne vraye prison, cela
luy donna sujet d'employer le Duc d'Espernon pour
l'enleuer de Blois à Loches, & depuis à Engoulê-
me, ce qui a esté vn funeste commencement de ces
fatales reuolutions qui ont veu la meilleure Reine
de l'Europe éloignée d'vn Fils qui veritablement
estoit le meilleur Prince de l'Vniuers. Mais il y a
des Genies qui ne trouuent leur auantage que dans
le desauantage des Grands. Là dessus le Roy ayant
fait armer contre le Duc d'Espernon, c'est ce qui
obligea ce Seigneur, qui sçauoit bien que le Roy
l'excuseroit tousiours, en consideration de la Reine
sa Mere, de se fortifier de son costé, pour faire
ralentir la cholere du Roy, en faisant vn peu durer
sa cause. Ainsi il s'empara d'Vzerche, dont la
situation a fait dire, que qui a maison dans Vzerche,
a chasteau en Limosin. Mais comme les habitans ont tousiours eu la reputation d'estre fideles à
la Couronne, & qui ayant tenu vn siege de trois ans
contre les Anglois, ils ne pouuoient souffrir de se
voir gourmandez par des François mal intentionnez, ce motif les obligea de mettre entre les

E

mains du Marefchal de Schomberg , vn lieu dont
le Duc d'Efpernon s'eftoit faifi pour fon party.
Et comme ils ne vouloient deuoir leur affranchif-
fement qu'à eux-mefmes , ils furprirent la garnifon
du Duc , la chaflerent de la place , & firent reconnoiftre qu'vn bon peuple ne doit point reconnoiftre
de Grands qui ne foient auoüez du Roy. La Reine
Mere voyant que les broüilleries des Eftats ne
fçauroient iamais eftre heureufes , & reconnoif-
fant qu'on auoit eu tort de la mettre mal auec vn
Fils qui ne refpiroit que pour fon contentement,
fuiuit facilement les Confeils du Cardinal de la
Rochefoucault , qui par vn foin digne de fa maifon & de fa charge , reconcilia leurs Majeftez , &
ce fut l'an 1619. qui vid le retour de la Reine Mere auprés du Roy , & la deliurance du Prince de
Condé , qu'on auoit arrefté pour la fatisfaction
d'vn Miniftre , plutoft que pour aucun deffein qu'il
euft contre vne Couronne , dont il eftoit le premier
appuy.

Mais il fembloit que la fortune ne donnoit vn
peu de contentement au Roy , que pour luy donner bien-toft vn nouueau fujet de patience. L'an
1620. vid naiftre de nouueaux defordres par l'eloi-
gnement volontaire de la plufpart des Princes,
qui fuiuoient les mécontentemens de la Reine Mere,
mais fa Majefté ayant entrepris le voyage de Nor-
mandie , affeura ce qui branloit dans fon feruice,
& rangea au deuoir par la clemence , ou par la
force ceux qui s'en eftoient efcartez , ou pour

l'amour d'vne nouueauté dangereuse, ou par vne complaisance criminelle. Vn abysme en attire vn autre dans la Politique, aussi bien que dans la Morale. Monsieur de Bassompierre eut commandement de s'opposer aux factions qui se formoient dans quelques autres Prouinces, où sa courtoisie n'agit pas moins efficacement pour le seruice du Roy que son courage Heroïque. Mais tout le faix des remuëmens alla tomber vers le Pont de Sé, où il y eut vn furieux combat, qui monstra qu'vn bon Roy est inuincible quand son pouuoir est secondé d'vn bon zele de ses subiets. LOVIS LE IVSTE reconnut en suite que la Reine sa mere estoit innocente de tous les troubles qu'on luy imputoit, & qu'ils ne prouenoient que de certains brouillons, qui estoient bien aises de profiter du debris d'vne Monarchie, pensant trouuer leur auancement dans la ruine des autres. L'entreuëue de leurs Majestez se fit à Brissac, & elles ne se separerent que pource que le Roy ayant agi dans l'Anjou pour l'interest de l'Estat, vouloit aller agir en Guyenne pour celuy de la Religion. En effect, quelque opposition qu'on luy peust faire pour le détourner d'vn voyage si laborieux, il se resolut de hazarder son repos & sa santé pour asseurer le seruice du Roi des Rois. Ainsi sa Majesté s'estant acheminée vers Pau, ville alors remplie d'heretiques, refusa la pompe auec laquelle on la vouloit receuoir, disant qu'il n'estoit pas iuste qu'il fust receu solennellement où son maistre estoit mesprisé. Il fit donc rendre à l'Eglise les reuenus qu'on luy auoit ostés, aussi bien que les lieux que l'heresie profanoit, apres auoir esté consacrez par la Religion. On pourroit en faire quelques seditieux qui vouloient brouiller l'Estat, sous pretexte de conseruer la liberté de conscience, comme si la profession d'vne nouuelle creance, deuoit dispenser des subiets du deuoir enuers leur Souuerain. Là dessus l'Assemblée de la Rochelle s'estant tenuë sur le commencement de l'an 1621 le Roy se resolut de chastier l'insolence des Huguenots, & pour cet effect ayant enuoyé le Duc d'Espernon en Bearh, qui fit voir en cette occasion que le zele qu'il auoit pour l'Eglise secondoit tousiours ses intentions politiques; Sa Majesté fit de voyage de Poictou, s'asseura sur son chemin du Chasteau de Saumur, & de plusieurs importantes places, pour donner à entendre aux Huguenots, qu'il y a des partis ruineux qui ne s'establissent que pour tomber. Mais comme il y a des gens qui ne semblent faillir vne fois que pour choquer tousiours le deuoir, les heretiques s'estans declarez rebelles, le Conseil du Roy iugea qu'il falloit employer la force contr'eux, les moyens amiables n'ayans seruy qu'à flatter leur felonnie. Ainsi S. Iean d'Angely se void assiege, c'est à dire pris, car au Roy faire vn dessein & l'executer c'est tout vne mesme chose. Sancerre est forcé en suite; Suilly rendu; Nerac conquis, Caumont remis entre les mains de sa Majesté; Bergerac asseuré à la Couronne; Clerac emporté apres vne longue resistance; Bref tant de places sont enleuées,

telées, qu'on peut dire que sa Majesté a conque-
sté son Royaume par sa valeur, apres l'auoir receu
comme vn droict hereditaire. On mit en suite
le siege deuant Montauban, dont l'issuë fut mal-
heureuse, non pas par la foiblesse des armes du
Roy, mais par la mauuaise conduite de quelques vns de ses Officiers qui regardoient plus leurs
interests particuliers que ceux de l'Estat. Mais
peu de temps apres les prises de Montheurt, Royan,
saincte Foy, Tonnein, Clerac, Negrepelisse, sainct
Antonin, Montpellier, & la deffaite de l'armée de
Soubise recompenserent auantageusement cette
disgrace. Ces places furent forcées pour la pluspart
l'an 1622. & l'an suiuant le Roy fit le voyage de
Prouence & du Daufiné, pour asseurer ces deux
Prouinces en son seruice, dissipant par les rayons
de sa Majesté tous les nuages des reuoltes. L'an
1624. il fit faire vne exacte recherche des Finan-
ciers qui suçoient le sang du peuple, sous protexte
des affaires de l'Estat, & qui s'attachoient plus à
l'agrandissement de leur maison, qu'au bien de
la Couronne.

Le Lecteur sera aduerty qu'il y a icy transposition de ces paroles, &
qu'au lieu de ce paragrafe le Roy ne, &c. Il faut lire auparauant la page
22. qui commence, L'an 1625. & les 29. lignes de la page suiuant ius-
qu'à ces mots, le Roy n'apte &c.

Le Roy ne pouruoit pas moins à ses ports de
mer, qu'au corps de ses alliez. Le Duc de
Soubise continuant d'écumer l'Ocean à la faueur

des vaisseaux de la Rochelle, le Duc de Montmorency eut ordre de s'opposer à ses desseins, ce qu'il
fit auec tant de generosité qu'il defit la flote enne-
mie, & montra à toute la France que la valeur des
Seigneurs de sa maison, sçauoit triompher
d'vne égale force sur tous les Elemens où l'on
peut combattre. Toiras se saisit en suite du fort
sainct Martin dans l'Isle de Ré, & le Mareschal de
Themine fut resserrer les Rochelois dans leur ta-
niere, bornant à vn petit espace l'ambition de
cette ville, qui croyoit pouuoir estendre sa domination par tous les climats de l'Vniuers. Ils ob-
tinrent neantmoins la paix en l'année 1626. le Roy
ayant témoigné qu'il ne leur vouloit pas faire la
guerre pour les perdre, mais pour les sauuer dans
leur deuoir. On fit aussi vn accommodement
auecque les Espagnols au sujet de la Valteline,
qui fit voir que les François ne cedent point en
prudence non plus qu'en courage à leurs ennemis,
& qu'ils n'ont pas moins de sagesse, quoy qu'ils
n'ayent pas tant de fourberie. Cette mesme année vid la Iustice exemplaire que le Roy fit faire
contre quelques Seigneurs, qui par des querelles
particulieres versoient vn sang qui ne meritoit d'estre épanché que pour le bien d'vne Monarchie. Sa Majesté ne voulut point épargner ny
leur condition ny leur naissance, pource que l'vne
rendant les crimes plus specieux en aggrauoit l'é-
normité, & l'autre changeoit vne cholere gene-

reuse en vne brutale fureur. Cette action de Iustice fut suiuie de quantité d'œuures de pieté
que le Roy exerça pour gaigner le Iubilé, mon-
trât par son exemple à ses subjets qu'il sçauoit aussi bien craindre Dieu, que se rendre redoutable à
tous les hommes. Aussi le Ciel voyant que sa Majesté veilloit pour sa gloire, auoit pareillement les
yeux ouuerts sur la protection de sa personne.
Ainsi il permit qu'vne horrible conjuration
qu'on auoit tramée contre sa vie & son Estat
fut découuerte, ce qui obligea ce bon Prince
de s'asseurer de la personne de quelques Grands
qui ne se seruoient de sa faueur que pour agir
contre son seruice, & d'immoler à vne iuste
vengeance vn sujet qui ne l'approchoit que pour
le trahir auec plus de seureté. La Bretagne fut
le theatre d'vne Tragedie si funeste ; & Blois
vid aussi l'emprisonnement du Duc de Vendome, & du grand Prieur son frere, qui pourtant
firent voir que leur innocence estoit encore plus
grande que la malice de ceux qui auoient tasché
de les rendre odieux à sa Majesté, pource que leur
enuie leur faisoit apprehender la vertu heroïque
de ces Princes. Au mois d'Aoust le Roy resolut
le mariage de Monseigneur le Duc d'Orleans son
Frere, auec Madamoiselle de Montpensier qui
estant depuis morte au trauail de son accouche-
ment eust laissé la France inconsolable, si vne fille
qui luy ressemble parfaitement, ne nous faisoit

croire qu'elle vit encor mesme apres sa mort.
L'an 1625. Soubise ayant rauagé quelques co-
stes de Bretaigne, le Duc de Vendosme s'y op-
posa, & respondit par ses soins a la grandeur de
sa charge, aussi bien que de sa naissance Royale.
Sa Majesté resmoigna vne extresme satisfaction
de ses diligences, reprit Blauet, & fit reconnoistre aux Rochelois que la desolation qu'ils auoient
causée dans vne autre Prouince, n'estoit qu'vn
presage de la leur. Elle enuoya ensuite le Marquis
de Cœuures dans la Valteline, pour la deliurer des
Espagnols qui vouloient s'en faire vn pont pour
le commerce de l'Italie & de l'Allemaigne. Tout
fit joug d'abord aux armes Françoises, & le Ser-
pent du Milanez qui croyoit deuorer vne liberté
naissante, apprehenda d'estre deuoré luy-mesme.
D'autre costé on enuoya vn secours extraordinaire aux Holandois, la France ayant tousiours
eu la reputation, de pouuoir conter autant d'ar-
mées que de frontieres. On conclut depuis le
mariage de Madame Henriette Marie de France,
auec Charles Roy de la grande Bretaigne, pour
entretenir vne ferme alliance entre nos Lys, &
les Roses d'Angleterre. Les ceremonies des
espousailles se firent à Paris, où le Roy fit paraistre
sa magnificence, cependât qu'il deployoit ailleurs
sa puissance & sa valeur. En effet Soubise ayant fait
quelques courses dans le pais de Medoc Monsieur

de Thoiras receut ordre de sa Majesté de l'en chasser, comme il fit, & le Mareschal de Themines fut enuoyé contre les rebelles du Languedoc, où ayant pris Boneil & fait le degast autour de Castres, cependant que le Duc d'Espernon le faisoit autour de Montauban, il fit auoüer aux factieux que c'est s'en prendre au ciel que de s'en prendre au thrône du plus grand Prince de la terre.

La ligue fut concluë apres contre les Genois, sur qui le Connestable de l'Esdiguieres prit Gauy & toutes les autres places, partie par force, partie par la foiblesse des Gouuerneurs. Le Pape preuoyant le danger de toute l'Italie dans celuy de Génes, enuoya le Cardinal Barberin son neueu en qualité de Legat vers le Roy Tres-Chrestien, & qu'il fut receu auec toutes sortes de ceremonies, il ne laissa pas de s'en aller vn peu mécontent, sur ce que le Conseil de sa Majesté reconnut qu'il auoit plus d'inclination pour l'Espagne que pour la France. Cependant les Castillans ayant fait vne irruption dans le Mont-ferrat, pour diuertir nos armes du siege de Génes, se camperent en suite deuant Verruë, où le Mareschal de Cresquy leur apprit, que les François ne sçauent pas moins se signaler à bien deffendre les places qu'à les attaquer vigoureusement. Le Roy ayant ainsi pacifié son Estat, le Mareschal de Bassompierre, dont l'esprit n'estoit pas moins propre pour les Negociations de la paix, que

G

son bras pour les factions de la guerre, fut enuoyé comme Ambassadeur extraordinaire en
Angleterre, où il fut reçeu auec des magnificences dignes de sa personne aussi bien que de sa
charge. D'ailleurs pour agir au dedans aussi bien
qu'au dehors, il se tint à Paris vne Assemblée de
Notables, où furent faites diuerses propositions
pour le bien de l'Estat, & pour aller au deuant des
malheurs qui le menaçoient.

L'an mil six cents vingt sept sembla funeste à la
France, non seulement par la mort de Madame,
mais encor par la descente de Bukinkan dans l'Isle
de Rhé, qui sans doute eust fort incommodé ce
Royaume, si Dieu n'eust permis que les Anglois
ne firent lors vn dessein de conquester que pour
faire de grandes pertes. En effet comme ils eu-
rent assiegé le Fort S. Martin , Thoiras leur fit
reconnoistre que ceux de leur pays semblent sor-
tis de leur element quand ils combattent en terre ferme ; neantmoins comme la necessité est ca-
pable de faire rendre les places les plus impre-
nables, le Fort fut rauitaillé par la vigilance du
Roy, & auec des miracles plus veritablement
qu'auec des exploits. Les Anglois furent def-
faits en suitte par le Mareschal de Schomberg,
pere de cét autre Mareschal , qui a fait voir en
tant d'autres occasions que la seule valeur d'vne
Maison si Illustre peut triompher des deux plus
puissantes nations que la France puisse choquer.
Monsieur, ce digne Fils de HENRY LE

GRAND, & Frere de LOVIS LE IVSTE,
fuſt apres bloquer la Rochelle, & donna commencement à ce chef-d'œuure , qui dans vne ſeule
ville a coupé toutes les teſtes de la rebellion. Le
Roy ſe rendit depuis en ſon camp pour former
vn ſiege regulier , & fit baſtir cette digue prodi-
gieuſe, qui nous a fait voir des murailles flotan-
tes & des eauës petrifiées, pour ainſi dire , & qui
a contraint la Grand'-Bretagne de confeſſer qu'il
n'y a proprement que le Roy de France qui ſoit
maiſtre de la mer , puis qu'il luy peut donner vn
frein. Les Rochelois n'eſperans pas d'eſchapper
où l'Occean eſtoit captif, & n'eſtans pas moins
preſſez de la faim au dedans que deſarmez au dehors, ſe rendirent l'année ſuiuante, & trouuerent
que la clemence du Roy n'eſtoit pas moindre que
ſa puiſſance.

D'autre coſté le Prince de Condé abbatoit les
partis qui ſe formoient dans le Languedoc auſſi
bien que dans la Guyenne , & témoignoit par ſes
actions que ſon courage & ſa conduite ne l'inter-
reſſoient pas moins pour la gloire de la Couronne,
que l'Auguſte Sang de Bourbon. Pamiers, Real-
mont, Sainct Seuer, Breſſac , ſont des monumens
eternels de ſes victoires , comme le Pouſin,
Mirabel & autres places, de la valeur du Duc de
Montmorancy, qui apres vne vie ſi illuſtre meritoit, certes, vne mort moins ignominieuſe. Ce-
pandant que le Roy déployoit ainſi ſa generoſité
par ſoy meſme ou par la main de ſes Lieutenans,

la Reyne combattoit pour la France par ses prieres, & tesmoignoit par ses actions qu'elle n'auoit
pas moins de soin de la personne du Prince, que
du Diademe qu'elle portoit apres tant de testes
couronnées dont elle est issuë. LOVYS LE
IVSTE estant entré dans la Rochelle, & fait faire vne procession solemnelle jusques dans le cen-
tre de l'Heresie, s'en reuint à Paris, où il fut receu auec vn zele digne de sa Majesté aussi bien
que de la Grandeur de cette fameuse ville, que
Charle-quint appeloit vn monde entier. Et bien
que les fatigues d'vne guerre si laborieuse eussent
pû l'obliger à prendre vn peu de repos, il fit pourtant voir que les interests de ses alliés ne le tou-
choient pas moins que les siens, & qu'il sçauoit à
mesme temps dompter les rebelles de ses Estats,
& chastier les vsurpateurs des autres. Ainsi le
Duc de Mantouë estant troublé dans la possession de sa Duché, sa Majesté se resolut de le proteger, & de faire en personne le voyage d'Italie,
pour luy témoigner que la France luy peut en-
uoyer des liberateurs contre les Espagnols aussi
bien qu'elle a fait autrefois contre les Lombards.
Suiuant ce dessein, l'an 1629. le Roy partit de Paris pour trauerser les Alpes, en vne saison où la
neige mettoit encor vn plus grand obstacle à son
passage que la nature : mais il n'est rien difficile
à vn Prince qui veut tout executer. Le Pas de Su-
ze est forcé, Cazal secouru, les faux amis rangez

au deuoir, les ennemis abbatus ; Bref toute l'Italie
ou secouruë ou effrayée.

Mais ce n'estoit pas vn champ assez estendu
pour la gloire du Roy, il falloit encore vaincre
dans la France ; Priuas fut donc assiegé en suitte,
& tout le Languedoc rangé à l'obeyssance auec
cette ville partiale. Montauban se rendit bien-
tost apres, & cette place qui auoit cousté tant de
sang, ne cousta lors qu'vne abolition. La paix fut
publiée en mesme temps entre la France & l'Angleterre, qui reconnust en cette occasion que ses
habitans n'ont iamais gaigné aucun auantage sur
nous qu'apres auoir trouué moyen de nous liguer
les vns contre les autres. Là dessus l'Empereur
ayant derechef armé contre le Duc de Mantoüe en
faueur de l'Espagnol, le Roy se resolut de le secourir pour la seconde fois, & de témoigner à toute l'Europe que comme ceux qui nous choquent
ne sçauroient subsister, ceux que nous deffendons
ne sçauroient perir. Le Duc de Sauoye ayant
voulu trauerser ce dessein, se vid bientost dépoüil-
lé de ses Estats, & aprit enfin qu'il ne faut rien
refuser à vn Prince qui peut tout prendre, quand
sa iustice permet à sa force d'agir de tout son pour
uoir Pignerol fut donc enleué l'an 1630. aussi bien
que Chambery pris : & le combat de Veillane
ne montra pas moins le bon-heur des armes de
LOVYS LE IVSTE, que la vaillance heroïque de Mont-morency. Cependant Cazal ayant
esté assiegé pour la deuxiéme fois, vid bien que les

H

Espagnols n'auôient redoublé leur effort que pour
redoubler leur perte, & Spinola qui se faisoit appeller le Preneur des villes, se vid surpris en cette
occasion d'vne mort de desespoir qu'il conçeut,
pour n'auoir sceu emporter vne place encore
mieux deffenduë qu'elle n'estoit attaquée.

Ces prosperitez estoient trop grandes pour ne
pas présager quelque infortune à la France. Ainsi
sa Majesté se vid accueillie à Lion d'vne maladie
dangereuse, qui eut sans doute emporté ce grand
Prince, si Dieu ne l'eust encor donné aux prieres
de la Reyne pour la production d'vn Dauphin digne de leurs Majestez ; Mais on peut dire sur ce
sujet qu'on ne doit pas s'estonner de la constan-
ce auec laquelle il est mort, veu qu'il auoit déja
vne fois appris à mourir, & qu'il aymoit plus sa
vie pour nous que pour sa personne. Mais quoy
que le Chef de l'Estat fut malade, ses membres ne laissoient pas d'estre fort vigoureux. Les
Mareschaux de Schomberg, de la Force & de
Marillac estoient sur le poinct d'emporter par
force la leuée d'vn siege que Monsieur Mazarin,
depuis Cardinal & Ministre d'Estat de cette
Couronne, leur fit accorder par vne voye amiable,
non pas tant pour épargner le sang des Espagnols
pour qui il n'a iamais eu d'inclination, que pour
faire éclater dauantage la gloire des armes des
François, qui triomphent par leur veuë, de mesme que par leur espée. Cette armée ne vit pas
seulement des effets de la vaillance du Roy, mais

encor de sa Iustice : car le Duc de Vandosme fut
élargi, ayant fait voir à sa Majesté qu'on auoit
tasché de le rendre odieux, pour ce qu'il auoit
trop d'affection pour son seruice. Ce Prince fut
en suitte se signaler par des exploits glorieux
dans les pays Estrangers, accompagné de ces deux
ieunes Scipions, qui nous representent dans vne
mesme maison des petits fils de HENRY LE
GRAND, des Gastons de Foix, & des Emma-
nuels de Loraine.

L'an 1630. la paix d'Italie ayant esté concluë,
nostre Cour vit quelques broüilleries pour certains mécontentemens de la Reyne mere, & de
Monsieur, contre vn Ministre qui se preualoit d'v-
ne trop grande authorité, ce qui les obligea de
sortir de la France, plutost que de ceder à la faueur d'vn simple subjet. La Flandre leur seruit de
retraite, & la Maison Royalle eut le regret de
voir que l'industrie artificieuse eut mis de la diuision où la nature auoit establi vne vnion parfaite.
Cependant le pouuoir excessif de la Maison d'Au-
strische ayant obligé le Roy de Suede de venir
secourir les Allemagnes, à qui vn joug insuppor-
table auoit fait perdre la liberté ; La France fit
alliance auec ce Conquerant, qui n'eut pas beaucoup de peine à manier le fer, estant secondé de
la force de nostre argent. Mais comme ce Prince estoit Heretique & que sa Majesté Tres-Chre-
stienne ne vouloit pas ruïner l'Eglise, sous pretexte d'affoiblir ses ennemis, elle prit en sa pro-

tection tous les Catholiques d'Allemagne, &
nous pouuons dire que la guerre que nous con-
tinuons contre l'Espagnol ne vient que de l'op-
pression qu'il fit souffrir à vn Prelat que nous nous
estions obligez de proteger ; Ie parle de l'Ele-
cteur de Treves, qui pour conseruer ses Estats
nous consigna entre les mains la forteresse d'Her-
manstein. Le Marefchal de la Force fut enuoyé
pour les asseurer, & acheuer dans l'Allemagne
les triomphes qu'il auoit commencés dans l'Italie.
Treves fut pris en suitte par nos troupes, & le
Roy de Suede ayant esté tué, LOVYS LE
IVSTE s'estima obligé de ne pas laisser mourir
la liberté Germanique au temps qu'elle ne faisoit
que naistre. Sa Majesté fit pour ce sujet vn voyage à Mets, où il traitta auec le Duc de Lorraine,
qui n'eut iamais esté malheureux s'il eut tousjours sceu garder vne bonne resolution. Quelque temps aprés les Espagnols s'estans seruis d'vn
de nos Princes pour ietter la reuolte dans le Languedoc, leur armée fut deffaite, & le Duc de
Montmorency ayant esté pris combattant contre
le Roy, perdit la teste aprés auoir perdu la bataille. Monsieur s'aiusta en suitte auec sa Majesté, & le Marefchal de Schomberg ayant rendu
vn seruice si important à cét Estat, trouua dans
la paix la mort à Bordeaux, qu'il auoit cherchée
parmy tous les perils de la guerre. Il est vray que
ce Heros n'est pas tout à fait mort, viuant en

son

son fils qui represente son nom auffi bien que fa
vaillance.

L'an mil fix cens trente trois le Prefident Se-
guier fut fait Garde des Seaux en la place du Marquis de Chafteau-neuf, & le Duc de Lorraine
n'ayant pas obferué le traité fait auec le Roy,
perdit Nancy, & depuis tous fes Eftats. L'an fuiuant Monfieur reuint en France, ayant trouué
que l'element des Princes c'eft la bonne grace du
Souuerain, & que l'Efpagnol ne l'auoit pas appellé pour le flater, mais pour le perdre. On eut
nouuelle en fuitte de la remife de Philifbourg
entre les mains du Roy, & de la conquefte de
tant d'autres places qui nous font voir dans la vie
d'vn feul Conquerant les fuccez des armes de
plufieurs Rois. L'année mil fix cens trente cinq
eft remarquable par la guerre declarée à l'Efpagnol, qui fut d'abord fuiuie de la bataille d'A-
uein, où le Prince Thomas reconnut que c'eft
vouloir perir que de fonger à gaigner des com-
bats contre la France. Iufques-icy i'ay tafché de
fuiure l'ordre des temps, mais deformais ie ne
les remarqueray point, les actions du Roy dont
ie feray mention eftans plus fraifches dans noftre
memoire que dans nos liures. I'abregeray mefme quantité d'Illuftres euenemens, pour ce que
leur gloire fe fouftient affez d'elle-mefme, & que
d'autres Princes faifant moins de chofes qu'on
n'en peut dire, nous en dirons tousjours moins
que Louys n'en a peu faire.

I

Ses armes parurent victorieuses à mesme temps dans la Flandre, dans l'Alsace, dans la Lorraine, dans la Franche-Comté, & dans l'Italie, où les Princes se liguerent contre l'Espagnol, quoy que le temps fist voir apres qu'il ne faut qu'vn Roy Tres-Chrestien pour auoir l'honneur d'estre le Liberateur de l'Italie : Cependant le Duc de Parme estant venu à Paris reconnut bien que le Roy n'estoit pas moins magnifique dans la paix de son Estat, que formidable durant la guerre. On vit en suitte diuers exploits, tant dans la Bourgongne que dans la Duché de Milan, où le Duc de Sauoye se montra par sa valeur & par sa conduitte digne beau-frere d'vn Conquerant. Là dessus les Espagnols ayans fair vne irruption dans la Picardie, semblerent plutost y marquer leur tombeau que leurs logis. Corbie fut repris sur eux aussi bien que le Catelet & la Capelle, & le Comte de Soissons fit voir en cette occasion qu'il n'y a point de Generaux plus habiles que les Princes, quand l'enuie des fauoris ne les empesche point d'estre employez aux plus hautes executions. D'autre part le Duc de Veimar s'estant resolu de suiure le party de la France pour releuer celuy de Suede, & estant secondé du Vicomte de Turenne, qui tenant du Sang d'vn Souuerain, tient aussi de ses vertus & de son humeur, fit tant de belles choses que l'Allemagne sembloit vouloir rendre l'Empire à la France par la main d'vn Prince Allemand. Saverne fut d'abord empor-

té, & l'Alface conquife à mefme temps que
le Comte d'Harcourt arboroit fes Palmes parmy des efcueils, par la prife des Ifles de S. Ho-
norat & de Sainte Marguerite. Mais la Flandre
ne vid pas moins de merueilles que la Prouence.
Landrecy, Maubeuge, & le Cateau-Cambrefy
contrepéferent les degafts que les Efpagnols
auoient faits en Picardie, comme la bataille de
Leucate, où le Marefchal de Schomberg fit éclater hautement fa vaillance, nonobftant l'obfcu-
rité de la nuit, ne ferma pas feulement le paffage
aux Efpagnols dans la France, mais nous donna
l'ouuerture que nous auons depuis euë dans le
Rouffillon & la Catalogne. Le Marefchal de
Chaftillon dont la prudence a tousjours fecon-
dé le courage, releua auffi beaucoup la gloire de
nos armes par la prife de Damuiliers, comme
le Duc de Longueuille par celle de Bleterans,
où ce grand Prince témoigna comme il a fait
depuis en beaucoup d'autres occafions, que les
fameux Comtes de Dunois viuent encore en
fa perfonne. Que diray-je des exploits du Duc
de Veimar, qui à la iournée de Rhinfeld fembla
gagner plufieurs batailles en vne, & qui prit quatre Generaux au poinct qu'ils croyoient l'auoir
furpris? Ce miracle de vaillance ne fut qu'vn préfa-
ge de celuy qu'il fit depuis, en s'emparant de la
meilleure clef de l'Empire, & femblant forcer dans
Brifac toute la puiffance des Auftrichiens.

Mais il falloit que la paix nous donnaft de fes

fruicts auſſi bien qu'vne iuſte guerre. Ainſi la
Reyne qui n'eſt veritablement mere que pour le
bonheur de cét Eſtat, apres auoir long-temps
ſuſpendu nos eſperances, contenta enfin nos de-
ſirs par la production de ce Prince, qui ne peut
manquer d'eſtre Grand plus que tous les autres,
eſtant petit-fils de HENRY LE GRAND,
fils de LOVYS LE IVSTE, & D'ANNE
D'AVSTRICHE: Bref eſtant éleué par les
mains d'vne Regente, qui n'eſt pas moins conſi-
derable pour ſa ſageſſe, ſa pieté & ſes autres perfections perſonnelles, que pour la grandeur de
ſa naiſſance. Cét heureux éuenement fut ſuiuy
du combat naual que nos galeres gaignerent ſur
celles d'Eſpagne, de la priſe de Heſdin, qui ad-
doucit noſtre perte de Thionuiſſe, & de tant d'autres victoires qui ont eſté plus aiſées à gaigner
qu'elles ne le ſont à deſcrire. Mais le Roy ne
ſongeoit pas tant à ſon bon-heur, qu'il ne jet-
táſt l'œil ſur celuy de ſes voiſins. Il fit le voyage de Grenoble pour aſſeurer la Ducheſſe de Sauoye d'vne nouuelle protection, & les Cata-
lans s'eſtans reſolus de ſecoüer le joug de Ca-
ſtille, ſa Majeſté ſe reſolut de leur faire voir qu'ils
trouueroient autant de douceur ſous la conduitte de la France, qu'ils auoient ſouffert de tyran-
nie ſous la domination du Conſeil d'Eſpagne.

Mais deuant que de voir nos conqueſtes en ce
pays-là, regardons le Comte d'Harcourt en Italie, qui auec vne poignée de gens, force vne
puiſſante

puiſſante armée juſques dans les retranchemens,
& prend Thurin ſur ceux qui eſtoient ſur le poinct
de prendre Cazal. Conſiderons encore la priſe
d'Arras dans la Flandre, pour iuger que ſous
le regne du Roy les choſes impoſſibles nous ſont
faiſables. Parlerons nous du Portugal qui n'a trouué moyen d'auoir vn Souuerain que pource que le
noſtre a puiſſamment affoibly ſes ennemis? Auſſi a-
uons nous veu ces magnifiques Ambaſſades qui
ont vny deux Princes qui ne faiſans preſque qu'vn
meſme ſang, ne font auſſi qu'vn intereſt. Ie ne
fais point icy mention du ſiege d'Aire, pource
que le combat de Sedan me fait douter s'il nous
a eſté plus auantageux par la deffaite d'vn party
qui pouuoit broüiller l'Eſtat, que deſaduanta-
geux par la mort d'vn Prince qui n'auoit qué
de parfaites inclinations pour ſa Majeſté. I'a-
diouſteray ſeulement que le Duc de Boüil-
lon nous fit recueillir tous les fruicts de ſa vi-
ctoire, & qu'il fit reconnoiſtre à tout cét Eſtat
qu'en ſeruant vn Amy il ne ſongeoit qu'à ſeruir le Roy. Mais ſi ce Prince parut genereux
en cette occaſion, LOVYS LE IVSTE ne
le fut pas moins lors qu'il receut à bras ouuerts
le Duc de Lorraine, apres en auoir receu tant
de deſplaiſirs. Mais il eſt temps de finir le diſ-
cours de ſa vie, puis que ie voy qu'en pourſui-
uant ſes victoires il s'auance vers ſa mort. Ba-
paume eſt forcé, Monaco deliuré de la ſeruitu-

K

de de la Toifon, Cony rendu à fon Duc, apres
auoir efté pris par le Comte de Harcourt, Lam-
boy deffait par le Comte de Guebriant, qu'on
peut appeller legitimement vn fecond Duc de
Veimar : Barcelone remife entre les mains de fa
Majefté, Colioubre enleué de force, Perpignan
par famine, Salces par compofition : Mais ces
bon-heurs redoublez prefagent quelques malheurs à la France. La mort de la Reyne Mere en
fait le commencement, qui eft bien-toft fuiuie
de celle d'vn homme qui eftoit la caufe de fon
exil, & qui ayant veu mourir quelques-vns de
fes ennemis d'vne mort violente, mourut luy
mefme d'vne maladie incurable. Quelque
temps deuant fon decés il auoit fait éloigner de
la Cour Monfieur de Treuilles, pour ce qu'il
n'auoit iamais voulu feruir que fa Majefté, mais
la fin de fa vie le fut auffi de la difgrace de l'autre. Il eft vray que fon contentement ne dura
pas fort long temps, ce bon Maiftre qui aimoft
fes Subjets auec tant de cordialité eftant peu de
temps apres tombé malade, & decedé en fuitte
de la mort des Iuftes, cela veut dire auec vne
pieté qui montroit qu'en regnant fur la terre il
n'auoit iamais fongé qu'à prendre vne Couronne dans le Ciel. Vn peu deuant fon decés vou-
lant mettre les affaires de fon Royaume entre les
mains des perfonnes dignes des plus grands em-
plois, outre les Miniftres qu'il nomma, il fit ap-

peller d'Italie Monsieur le Telier, qui apres auoir
hautement manié la qualité d'Intendant dans le
Piémont, fut trouué digne de manier les secrets les
plus importans du premier Estat du monde. Au
reste la Reine suiuant sa generosité aussi bien que
son affection, n'abandonna iamais son Espoux durāt
le cours de son mal, & fut declarée Regente par la
propre bouche de sa Majesté, qui reconnoissoit
à la fin, qu'elle seule meritoit de partager & son
cœur & sa puissance. On ne sçauroit representer
ny la ferueur de la deuotion de ce Prince, qui
ne mourut pas tant par vne fatalité ordinaire de la
nature, que par vne election volontaire, ayant
souffert la fin de sa vie auec la mesme resignation
dont il en souffroit la suite. Il fit mille actes d'a-
mour de Dieu, & de haine du peché. Il receut à
bras ouuerts le Duc de Vendome, qui auoit esté si
long temps éloigné de luy, & reconnut en fin
que ce Prince tenant du sang de HENRY LE
GRAND, representoit aussi toutes ses perfections. Enfin il expira le quatorsiéme de May de
cette année mil six cens quarante trois, iour me-
morable, non seulement par le deceds de son pere,
mais encor par la Triomphante Ascension du Roy
des Rois, qui estoit vn présage fauorable pour vn
Prince qui ne quittoit vne Monarchie terrestre que
pour prendre possession de l'Empirée. Au reste
Louys estant mort sans anxieté desira d'estre ense-
uely sans pompe, & bien que sa mort nous doi-

ne toucher fenfiblement, nous deuons pourtant
nous confoler furice qu'il nous eſt permis de dire
tousjours VIVE LE ROY.

FIN.

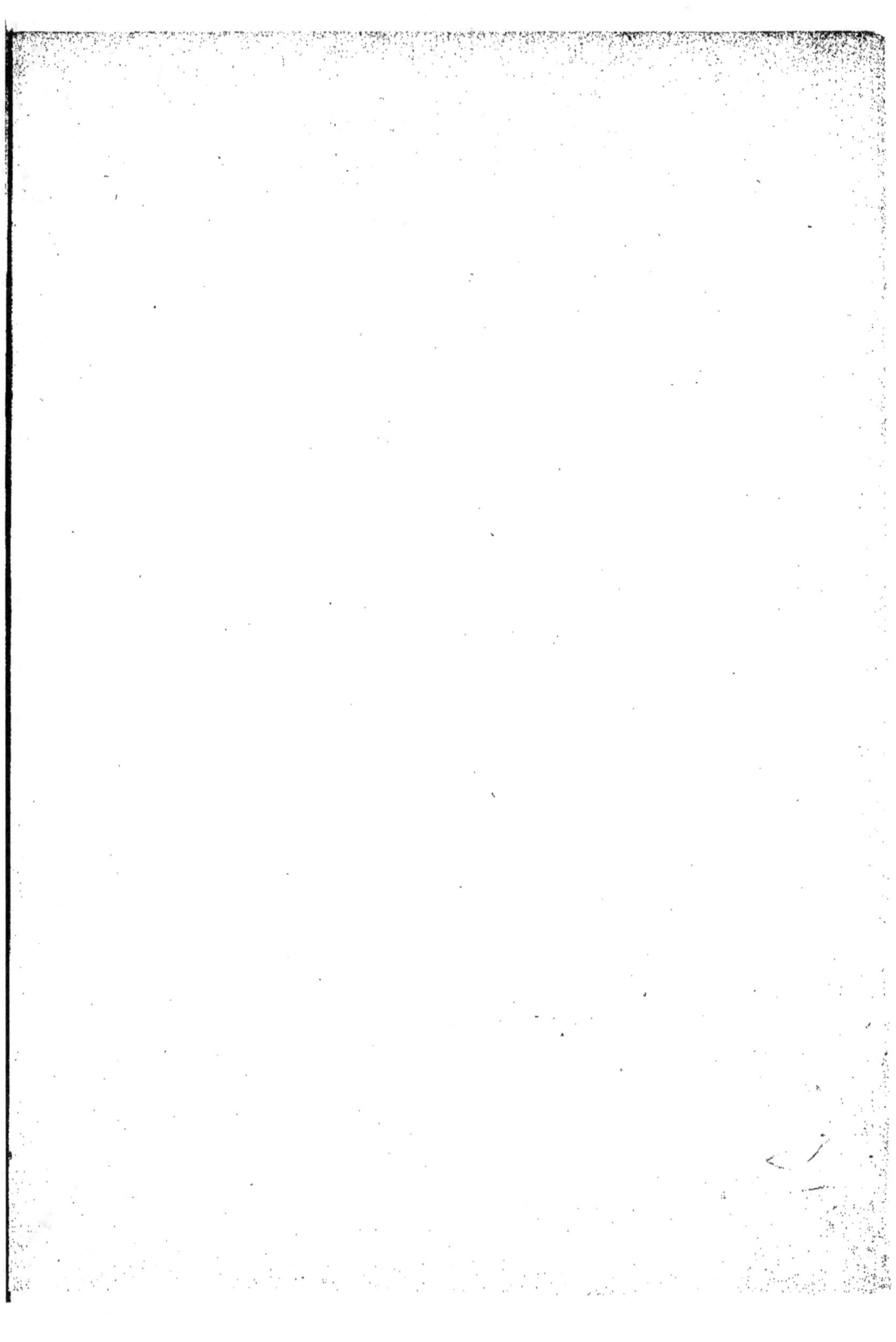